AF397261

Claudia Piccinno wurde 1970 in Süditalien geboren, zog aber schon sehr früh nach Norditalien, wo sie heute lebt und an einer Grundschule unterrichtet. Ihre Gedichte sind in mehr als hundert Anthologien enthalten. Sie ist die Direktorin des Poetry World Festivals für Europa. In wichtigen nationalen und internationalen Poesie-Wettbewerben erhielt sie zahlreiche Auszeichnungen.

Gino Leineweber, Jahrgang 1944, lebt in seiner Heimatstadt Hamburg und zeitweise in Cedar, Michigan, USA. Nachdem er anfangs Prosa geschrieben und veröffentlicht hat, liegt der Schwerpunkt seiner Veröffentlichungen nun auf Biografien, Reisebüchern und Lyrik. Er schreibt sowohl auf Deutsch als auch auf Englisch. Seine Lyrik wurde international mehrfach ausgezeichnet.

Claudia Piccinno

Tintenflügel
Ali d'inchiostro

GEDICHTE / POESIA

DEUTSCH VON
Gino Leineweber

VERLAG EXPEDITIONEN

Bibliografische Information der Deutschen Nationalbibliothek:
Die Deutsche Nationalbibliothek verzeichnet diese Publikation in der
Deutschen Nationalbibliografie; detaillierte bibliografische Daten sind im
Internet über http://dnb.dnb.de abrufbar.

Claudia Piccinno
Tintenflügel / Ali d'inchiostro
Gedichte / Poesie
Übersetzt aus dem Englischen
Gino Leineweber

Umschlagfoto: Sheri Hooley, Ohio, United States
Umschlaggestaltung. Birgitta Sjöblom, Salzwedel

ISBN 978-3-947911-30-1

Inhalt
Deutsch

Sommario
Italiano

Tintenflügel

GEDICHTE

Die Verse von Claudia Piccinno sind von der gleichen Natur wie die Sprache ihres Herzen. Rein, klar und geschliffen Sie werden von einem latenten subtilen Schmerz durchdrungen, der sie dazu bringt, sie im Ausdruck nicht als unauflösbar mit Existenz zu gewichten.

Sie stimmt dem Dasein als solchem und um der außerordentlichen Bereitschaft willen zu, auf jeden Fall an das Leben zu glauben, auch wenn man unvorbereitet ist.

Claudia Piccinno öffnet Fenster, in die der Leser hineinschauen, sehen und beobachten kann. Sie laviert sich durch, denn sie kann sich keinen Fehler erlauben, um die Balance nicht zu verlieren. Wie sie, ohne zu enthüllen, ein Spiel zeigt, hat genau so etwas Magisches wie sie verschwindet, auftaucht, wieder verschwindet, sich erneut zeigt, immer wieder, und der Leser nur ihre Gegenwart wahrnimmt. Damit auch die ihrer Gedichte, die er für seine persönlichen Gefühle nutzen kann.

Sie ist nie schwerfällig oder unbequem. Claudia

flüstert mit einem erhabenen Ton und spielt mit schönen Worten. Die Texte setzen Regen voraus. Tränenregen. Diese Note, die Claudia in ihr persönliches Mysterium als Dichterin einschließt, erlaubt sie nur sich selbst.

Sie kapituliert nicht vor der Verzweiflung, sondern gibt sich anderorts der Melancholie hin. In dieser *wohltätigen Hand*, die sich bewegt und eine herzzerreißende Bedeutung hat.

Nostalgie scheint auf und schwebt zurück und keine Fragmente oder Splitter eines Vergehens wurden mit der Überlegung begraben, die sich in diesem *ständigem Mangel an Liebe*, in dem *hinterhältigen Versprechen* und in diesem *Und du liebst mich nicht* ausdrücken.

Die Dichterin wird zuerst zur *Medusa* und dann zu einem *gefangenen Schmetterling*. Und inmitten der *Linnen des Vergessens*, dem *Nebel auf den Schienen*, der *roten Rosen*, den *Gleisen der U-Bahn* und den *Tintenflügeln* schenkt sie uns eine Poesie mit dem heiligen Klang eines Gebets.

Antonella Griseri

ÜBER DIE DICHTERIN

1

Die Dichterin lächelt über das Leben, bei der ewigen Suche nach dem Schönen und Reinen des idealen Lebens. Ihr poetischer Ausdruck ist fein und kultiviert. Sie versucht, sich selbst die prinzipiellen Fragen zu beantworten darüber, was die menschliche Existenz und das Leiden bedeuten. Sie kann einerseits die Tiefen ihres Seins erforschen, aber sie vergisst dabei nicht, auf die Umgebung zu achten, in der sie lebt. Sie scheint das Gleichgewicht gefunden zu haben zwischen dem Wissen um universelle Werte und der intimen Wahrheit des Einzelnen.

Sich in ihren Gedichten wiederzufinden, bedeutet, das Prinzip der universellen Liebe zu verstehen. Der Liebe, die auch inkompatible Charaktere verbindet und die Kraft gibt, auf Trauer und Schmerz zu reagieren, sowie die Kraft, die Vergänglichkeit des Lebens zu akzeptieren.

Diese Gedichte werfen Fragen nach dem Sinn des Lebens auf, und ich schätze, die Dichterin nutzt das süße Lächeln auf ihrem Gesicht um

Verse zu schreiben, die mit bemerkenswerter Brillanz ihrer Dichtung von Liebe, Nostalgie und Hoffnung eine Stimme verleiht!

Slavica Pejovic

Claudia Piccinno ist eine Spaziergängerin, die zerstörte Gebäude sieht, die Bilder in ihrem Kopf speichert und schließlich mit ihren Versen die Harmonie der Vergangenheit rekonstruiert. Sie bewahrt die Vorstellung von der Welt als etwas, das einen Sinn hat, aber sie warnt den Leser, dass der Sinn durch die zerstörerische Natur des zeitgenössischen Menschen verleugnet wird. Was aus ihren *Spuren von Versen* entsteht, ist eine sinnvolle Welt, aus der Reflexion des Logos geschaffen, aus der bewussten und schöpferischen Anstrengung.

Sie überwindet die Fragmentierung der Geschöpfe, die Entfremdung der Nationen, die moralische Verderbtheit, die Heuchelei, die Einsamkeit des Einzelnen vor dem Bildschirm und die Angst vor der Zivilisation. Aber ignoriert damit auch die Gefühle, den Schmerz, die intime Tragödie und die Bürgerrechte. Allein, ohne Liebe und Mitgefühl, ist der Mensch hilf- und wehrlos. Claudia Piccinno fordert eine neue

Zeit des Teilens, des echten Kontakts mit anderen und mit dem Leben. In Ermangelung der Authentizität greift die Dichterin auf den Mythos zurück, um das Drama des städtischen Chaos zu überwinden. Realistisch und spirituell zugleich ist ihre Poesie. Sie singt gegen die Sklaverei des modernen Menschen und gegen die Vergänglichkeit der materiellen Güter. Ich denke, sie wird sicher Bestätigung finden, denn sie nimmt sich das Recht einer authentischen Stimme, um mit der unbeachteten Kakophonie der modernen und entmenschlichten Welt zu harmonisieren

Milica Jeftimijevi Lilic

DIE DECKE

Es scheint als würden
Auf meiner Decke
Kleine Stummfilme aufgeführt

Mein geistiges Auge sieht
Dass ein Bernstein
Einen Schmetterling gefangen hat

Es wirkt heimtückisch
Wie der ständige Mangel an Liebe
In empfangenen Liebkosungen

Mein bedauernswerter Körper
Erstarrt ungewollt
Im intimen Herumirren

Steht schweigend
Im Blütenstaub
Meiner Gedanken

SEINE MAMA

Der Verrückte zieht sich
Auf der Straße aus
Bei Beerdigungen
Lacht er
Mit Konfetti verhüllt er
Seine Schmähungen

Der Verrückte ist
Im Wahnsinn ungeschickt
Kommt am Heiligen Abend
Hinter Schloss und Riegel
Um dem Christkind
Nicht die heilige Ruhe zu rauben

Der Verrückte singt auf der Straße
Und regelt für die Zugvögel
Den Verkehr
Wenn ihn jemand anruft
Meldet er sich mit – Lebensschmerz, Freuden-
    tod
Mit Siebenschön, Revolverheld, Gitarrist ... –

Der Verrückte spricht
Mit seinem Fernseher
Tunkt seine Brille ins Püree
Und wenn er sich verirrt
Sagt er zu jeder Frau
Die er trifft

Mama

MANTEL DES VERGESSENS

Arme ausgestreckt
Hände verflochten
Finger reißen
Am Tüll der Melancholie

Kantige kahle Zweige
Suchen das Blau des Tages
Das begraben ist
Unter dem Mantel des Vergessens

Chinesischer Schattentanz
Reflektiert im Spiegel
Eines hängenden Himmels
Wunsch und Wirklichkeit

SCHULD

Aus dem Augenwinkel
Trifft sie Ernüchterung

Die Flasche begleitet sie
Ihren Schmerz zu lindern

Einen Wohnwagen zum Aufenthalt
Hatte ihr der alte Halunke angeboten
Zum gemeinsamen Nutzen
Im Namen des Bacchus

Sie hat ihre Kinder verloren
Ihre Rechte
Arbeit findet sie nicht

Aber was war
SCHULD
Dass ein Glas Bitterkeit
Sie knechten konnte?

SPUREN DER VERSE

Wenn ich mein Leben
Auf den Spuren von Versen
Zurücklegen könnte
Fände ich Oden und Sonetten
Epen und Haikus
Elegien und Glorien
Wenn ich reisen könnte
Auf den Spuren der Verse
Würde ich mein Gepäck
Mit Büchern füllen
Würde mit schönstem Lächeln
Die Dinge vorm Fenster zeichnen
Ganz Italien würde ich
Mit dem Zug durchqueren
In Erwartungen
Von An- und Abreisen leben
Bei jeder Fahrt würde ich
Von den Reisen träumen
Die ich noch machen werde
Auf den Spuren von meinen Versen

WUT

Wenn sie keine offenen Stellen findet
Oder zu durchbohrende Körper
Gräbt sie Tunnel in die Seele
Verschlingt sie wie Parasit

Wenn ein Schrei
Ihr keine Bewegung verschafft
Schichtet sie mit Stein auf Stein
Ein Mauerwerk um sich herum

Wenn Friede ihr keine Zeit lässt
Demütigt beleidigt versteinert
Sie tyrannisch den
Der wagt sie anzusehen

BLEIB DA

Bleib da
Bei deinen Ängsten
Gib mir
Meinen Mut zurück

Bleib hinter deiner Rüstung
Der halben Reinheit
Gib mir das Adrenalin
Für Entdeckungen

Bleib da mit deinen Lügen
Die du jeden zweiten Tag erzählst
Gib mir die Freiheit
An ihnen zu zweifeln

Bleib hinter der Leinwand
Der Moral
Gib mir den Mut
Zur Sünde

Bleib da mit deiner Art
Von Bequemlichkeit
Gib – dass mein Herz
Im Himmel schlägt

NEBEL AUF SCHIENEN

Er schleicht sich in den Abschied
Verstärkt den Schlag des Herzens
Betäubt die Abreisen

Er verwirrt die Profile
Mischt Tränen und Lächeln
Kitzelt aus imaginären Reisen
Verspätete Träume

Er verhüllt einsame Herzen
Trommelt auf einer Safari
Vor Silhouetten und Augenblicken
Legt sich auf meine Seele

Wie Nebel auf Schienen

DIE FENSTER DER U-BAHN

Petunien und keine Zinnien
Ich hätte mir Bedeutenderes gewünscht

Keine Gespenster
Die Ketten im Feuer auflösen
Keine Silhouetten
Die blasse Farben auf den Wind pinseln

An der Luft sehe ich dicker aus

Drängende Reflexionen
In deinen Augen beschlagen
Mit dem Anschein schweren Atmens
Die Fenster der U-Bahn

HELDIN DER LIEBE

Echo lässt sich sterben
Weil *Narziss* sie verschmäht
Doch ihre Stimme überlebt ihr Lächeln

Sie versteckt sich in Höhlen
Um dann noch immer rein und klar
Durch Berg und Tal zu schwingen

Für diese Heldin der Liebe
Pocht mein Herz

An seiner Abneigung die ihn
Knochen zu Stein verwandeln ließ
Traf sie auch keine Schuld

LEERE

Keine Worte
Um Schweigen
Zu füllen
Keine Wasser
Um Tiefen
Zu fluten

Sie lehnt jede falsche Geste
Des Schmerzes ab
Unter seinem Augenlid
Verstummt eine Träne

In der Kehle
Im Kopf
Im Herzen
Leere
Souverän
Schweigend

KOMMEN UND GEHEN

Vom Himmel zum Meer
Von der Erde zum Himmel
Mit ständig kreisender Bewegung
Fordere ich Stürme und Winde heraus
Ohne mich jemals zurückzuziehen
Ich bin klein und flexibel
Ich passe mich den Strömungen an
Ich kann nicht wie eine Schneeflocke tanzen
Noch trommeln wie ein Hagelkorn
Ich bin der Ausbruch der Wolken
Das Gottesgeschenk für gepflügte Felder
Ich bin die Lust junger Spatzen
In der Hitze vom August
Für einen reißenden Strom
Bin ich ein Mückenstich
Für einen ruhigen
Eine Schwester unter vielen
Ich begebe mich zum Meer hinunter
Tanze inmitten der Wellen und Felsen
Eines Tages gehe ich erneut
Den Himmel zu umarmen
Danach werde ich wiederkommen
Anderes weiß ich nicht zu tun

MARE NOSTRUM

Wässrige Wiege für Träumende
Muse für Dichter und Maler
Paradies für Fische und Vögel

Stiller Spiegel für Rebellen und Pioniere
Charon für die Schlauchboote der Fremden

Die Schlacke eines Kernkraftwerks
Stört deine Bewegungen

Das Lachen von Badenden
Und der Kitzel mit dem *Schirokko* und *Mistrale*
Die Unschuld der Wellen erkunden

Taub und stumm das Gemüt
Des nächtlichen Steuermannes

Pentagramm eines improvisierten Chores
Resonanz des schnellen Wiegenlieds

Hauptstraße der Hoffnung – und
Lebendige Mahnung ans Sterben

CHARON

Charon heißt das Floß
Das dich mit hinterhältigem Versprechen
Vom Krieg bis zum Schiffbruch
Übergesetzt hat

Charon heißt das Meer
Dass deine Überreste
Inmitten zweihundert anderer
Verstreut

... und ein wenig Kleidung
Auf dem Foto
Im Museum
Der ertrunkenen Flüchtenden

BARFUSS

In dieser Nacht
Hätte ich die Schläge weniger gespürt
Hätte ich bemerkt
Dass ich innerlich bereits gestorben war

Gelebt hätte ich
Meine Verachtung herausgeschrien
Hätte mich
Schon vor langer Zeit gerettet

Ich fütterte mich
Mit Abhängigkeit
Überzeugt sie würde
Dazugehören

Ich bin barfuß gegangen
In meinem Wesen
Nur um hinter trüben Scheiben
Glatzen zu kämmen

TINTENFLÜGEL

Glänzende Seiten
Zwinkern aus den Fenstern
Zerknitterte lächeln
Für einsame Herzen
Bebildertes verspricht
Abenteuer und Anregungen

Auf den Spuren der Schöpfung
Beschreiben die Tintenflügel
Immer neue Bahnen
Verbinden sie miteinander
Um sie danach
In einem Traum zu wiegen
Ich verschlinge diese
Ellenlangen Bahnen
Ohne einen einzigen Schritt zu tun
Jetzt bin ich
Wieder einmal gelandet
Zeit für einen Zwischenstopp

Ich hebe wieder ab
Wenn das Staunen mich
Auf neue Spuren lockt
Ich werde andere treffen
Die wie ich
Niemals die Lust verlieren

WARTEZIMMER

Wir sind alle in Bereitschaft
Aufregung Herzklopfen
Ermüden Vorahnung

Wenn das Ergebnis kommt
Bricht jemandem das Herz
Anderen leuchtend ein Lächeln
Wie Kandelaber in der Nacht

Es ist schon spät
Das Orakel spricht
Was immer es ist
Es kann nur akzeptiert werden

Man schaut sich in die Augen
Jemand kommt mit vielen Verwandten
– Auf Wiedersehen – murmeln sie leise
– Ja, sobald ich gesund bin –

WARTESAAL

Obdachlose liegen in ihren Lumpen

Im Licht der Neonröhren
Funkelt das Glas einer Flasche

In der neuen Halle sitzt eine Dame
Auf einer Lage Papier und raucht

Auf dem Bahnsteig steht
Eine lärmende kleine Familie

Zwei Studenten küssen sich leidenschaftlich

Auf der Suche nach einem bekannten Gesicht
Habe ich in dem Buch das ich lese
Die Stelle verloren wo ich gerade war

Doch ich habe es nicht gefunden

Ein letztes Lebewohl
Von dem den ich liebte
Wird es nicht geben

SIE ABER LÄCHELT

Ein Halbmond
Umgedreht ...

Schnappschuss im Spiegel
Einer verrückten Seele

Niemand würde das tun
Ihr einen Cent geben für nichts

Trostlosigkeit
Macht sich auf den Weg
In die dunkle Nacht

Glühwürmchen leuchten auf Asphalt
Der Glanz der Illustrierten verblasst

Geschmäht verleumdet
Schläge betrügerischer Hände

Sie aber lächelt

MEIN NEIN

Es gibt ein egoistisches Nein ein feiges
Ein Nein der Verzweifelten
Ein Nein von Patienten
Es gab einsilbige der Vorsicht
Wenn ich häufiger
Mit dir hätte sprechen sollen

Der Drang Abenteuer zu erleben
Neue Freunde zu finden
Hat mich immer zum Ja getrieben
Dafür wäre der Nobelpreis geboten
Für meine Beharrlichkeit
Gab es blaue Flecken

Zu viel Toleranz

Natürlich drangen
In gut gefüllten Räumen
Stimmen in mein Herz
Aber wie viele Nein
Habe ich verschwiegen
Für ein ruhiges Leben

Es ist nie zu spät
Um neu zu beginnen,
Obwohl das Wort Nein

Kann ich nicht lieben

UNVERHOFFTE STRÖMUNGEN

Heimtückischer Strom
Lakustrisches Gleichgewicht
VERÄNDERT
Verfangen
Zwischen Algen und Seerosen

Kaulquappen der Erinnerung
STAGNIEREN

Die Larven des Gedenkens
WACHSEN
Im Teich des Geistes

Prahlerische Frösche
WERDEN
Im Hier und Jetzt
SCHLUCKEN

Und morgen
Von neuem auf
Unverhoffte Strömungen
WARTEN
Die Seen
Und Geist
BEWEGEN

LANDMINEN IN EINEM TUNNEL

Unwissenheit im armseligen Geist
Ist wie Schlick auf einer Böschung
Über Landminen
Die eine wohltätige Hand
Langsam beginnt
Zu entschärfen

Wörter wie tickende Zeitbomben
Obwohl gut gemeint
In der Absicht eines Miteinanders

Der untätige Mann versteht das nicht
Der Narzisst verlangt danach

Wort-Landminen
Der Reklamation entkommen
Kollidieren in einer ungeplanten Explosion
Und jagen sich gegenseitig
Durch Tunnel die bedeutungslos sind

Das Echo
Schwingt laut
In der Stille

ODE AN DIE RUHE

Ode an die Ruhe
In der sich die umsichtige Mutter der Sorge
    personifiziert
Die vermeidet Sträfling des Misstrauens zu sein
Die den Schrei des Feindes zum Schweigen zu
    bringen weiß

Ode an deine Gegenwart
In den Nischen der Liebe

Mehr noch wenn du
Die Anzeichen des Missbrauchs auflöst

Wenn du dich mit Geduld
Und Schüchternheit verbindest

Wobei viele deine Klugheit nicht verstehen
Dabei trägst du nur Kleider
Von unterschiedlichen Erklärungen
Mal geduldig mal unmittelbar

Mit Wind von hinten und gerefftem Segel
Änderst du die Richtung und wirst Prophet

SUCHER IM DISPLAY

Du hast mich nicht
An meinem Schritt erkannt
Obwohl du wartest

Von Angst ergriffen
Drehst du dich um
Als du mich siehst

Ich bin zu schnell für dich
Du willst nicht folgen
Doch verdammst mich dafür

Nein – du kommst nicht hinterher
Du wartest ob die Kamera
Nicht etwas anderes entdeckt

Damit der Sucher
Im Display
Mich aus dem Blick verliert

ABSCHIED

Das Wachs der Kerze
kümmert der Docht nicht
Obwohl er es ist
Der in der Dunkelheit regiert

Weder schwimmt ein Strauß
Den Fluss hinauf
Noch wird ihn
Eine Lachsjagd locken

Der Schwan beneidet nicht
Die Flugbahn einer Möwe

Und du?

Weißt du vielleicht
Wovon die Krebse müde sind
Dass eine Perle
Den Schmerz einer Auster bedeutet

Ich gab zum Abschied eine Kerze
Putzte meine Krallen
Und ging nach Haus

DIESER HANDSCHLAG

Es war dunkel
Du, der du deine Pargoletta-Hand ausgestreckt hast [1]
Du hast mich von großem Aufruhr befreit

Ich fühlte Liebe und innige Energie in der
  Berührung
Unerwartet widerfuhr mir
In diesem wohltätigen Handschlag
Deine Fürsorge für mich

Die Jahre vergingen langsam
Heimweh wurde zuweilen übersehen

Lange Zeit war ich
Ohne diesen Handschlag
Ein Echo rief mich aus der Ferne

[1] *Pargoletta Hand* (*La pargoletta mano*) ist eine Zeile aus
einem Gedicht des italienischen Poeten Giosuè Carducci

SIE WAR DER SOMMER

Geschmeidig kam sie

Mit Schweißperlen
Auf den jungen Wangen

Barfuß lief sie
Über Strand und Feld

Füllte die Flaschen mit Wasser
Und mit Stimmen den Hof

Schmückte die lauen Nächte
Mit eifrigen Glühwürmchen

Und die Hecken
Mit fröhlichem Glanz

Sie war der Sommer

UND DU LIEBST MICH NICHT!

Wenn du mich lieben würdest
Könntest du Worte finden
Meine Zweifel auszuräumen

Wenn du mich lieben würdest
Könntest du deine Gesten
Mit anonymen Textnachrichten ersetzen

Wenn du mich lieben würdest
Könnte dein Herz lachen
Statt geknebelt zu schweigen

Der Mangel an Wahrhaften zeigt mir
Deine tyrannische Unzufriedenheit
Die mich Jahr für Jahr suspendiert

Ich weiß was Liebe ist
Sie ist ein Sturm im Herzen
Mit Freuden und Schmerz

Und du – liebst mich nicht!

EIN AUGENBLICK
WIRD ZUM ATOM

Wenn die Erde zittert unterscheidet sie nicht
Zwischen Türmen und Seidenpapier
Sie nimmt jedes Leben
Zerstört Jahrhunderte der Geschichte

Mit der Waffe in ihrer gottlosen Hand
Verursacht ein Atom beiläufig
Im beliebigen Augenblick
Tod und Verderben

Zaubert aus dem Nichts
Tausende Vertriebener
Raubt den Menschen ihren Schlaf
Löscht das Lächeln der Kinder

Das Atom war nicht verschwunden
Es hatte sich nur geduldig versteckt
Es lässt sich Zeit
Mit unseren Befürchtungen

Doch immer bleibt es
Von Augenblick zu Augenblick
Auf der Lauer
Uns Furcht einzujagen

HERBSTLICHE HIEROGLYPHEN

Er enthüllt die Hieroglyphen der Weisheit
Definiert die Konturen der Zeit

Ich fürchte mich nicht vor ihm

Ich erwarte ihn

Zu einem unvermeidlichen Treffen
Bei dem die Hitze des Sommers vergeht
In dem ich vorbereitet werde

Auf den kommenden Frost

PATEN-TREFFEN DER FEEN

Die Gänseblümchen
Sind frech und nicht verlegen
Mit denen meine schelmischen Schüler
Mir huldigen

Beeindruckend war die Sonnenblume
Die ich als Tageslicht pflückte
Um den Blick
Eines traurigen Kindes zu beleuchten

Ich brachte schneeweiße Lilien
Zum Grab meiner Großmutter
Hatte farbenfrohe Gerbera
Am Tag meines Hochzeitsversprechens

Rote Rosen wurden mir
Von einem Bewunderer geschickt
Rot waren auch die Flamingo-Blumen
Zu meinem Abschluss

Die Stecklinge der Geranie
Lehrten mich die Kraft kennen
Demut lernte ich
Von den *Schönheiten der Nacht*[2]

---

[2] Wunderblume (Tuberose) heißt auf Italienisch Schönheit der Nacht.

Hortensien Enziane Azaleen und Lilien
Kamen in brüderlicher Gemeinschaft
An dem Tag an dem
In der Wiege eine Blüte erwachte

Damit sie blumig und stark
Wachsen könne
Kamen sie mit guten Wünsche
Wie zu einem Patentreffen der Feen

Ich habe aus Blumenerde eine Hecke gezogen
Habe sie mit stillen Gebeten verstärkt
Um sie vor den Klingen des Kummers
Verborgen zu halten

EIN FALSCHES THEOREM

Die wahren Freunde
Sind konzentrische Kreise
Lasst sie uns Brot nennen wenn sie Brot sind
Und nicht aus Freundschaft
Die Metastasen von etwas anderem verkaufen

Ihr seid keine parallelen Linien
Die sich gegenseitig spiegeln können
Und in der Lage sind
Sich für eine ruhende Begegnung
Zur Unendlichkeit zu neigen

Ihr seid vielleicht Kathete im Quadrat
Die als Ergebnis der Hypotenuse
Ihren Schatten spenden

Sie dachte
An senkrechte Linien ...
An brave Kreuze
Um sie mit ihm
Für Jahre zu teilen

Und sie versuchte
Dich wiederzusehen
In den keuschen Umarmungen
Von rechten Winkeln
Im π
Eines Kreises

Was bleibt ihr
Von einem falschen Theorem

Gebrochene Diagonale
Spitze Winkel des Leids
Stumpfe Ecken der Demenz.

FREUDE

Freude ist die *Heureka* des Erfinders
Es ist die Stimmung
Des ersten Blicks

Freude ist das Lächeln eines Kindes
Ist ein Sperling
Der gerettet ist

Freude ist ein Treffen
Von zwei
Gleichgesinnten Seelen

Freude bin ich wenn ich verstehe
Dass keine Wolke
Meinen Himmel bedeckt

ODE AN DIE VERGEBUNG

53

Vorrecht der Christen
Obwohl bekannt auch unter Heiden.
Die den Geist erhellt und Freunde pflegt
Vergebung ist dein Name
Besonderheit dein Wunder

Wenn du in die Herzen eindringst
Bringst du Freude in die Häuser
Und schmückst den Sarg mit Blumen

Andernfalls wenn du
Mehrere Einladungen ablehnst
Füllst du die Gläser
Bis ihre Lebern vergiftet sind

Ich huldige
Deine Gegenwart
In meinem Leben
Oh Verzeihung!

FEDERHALTER

Ode an dich
Auf dem wir herumgebissen haben
Ode an dich
Stimme der Schüchternen
Mittler der Liebe
Ode an dich
Vorläufer von Kartuschen und Toner
Ode an dich
Läuterung verlorener Seelen
Ode an dich
Mit dem die blutenden Wunden
Einer verratenen Frau beschrieben wurden

Ich werde dich immer preisen
Deine fließende Tinte
Weil du hartnäckig
Das Klicken der Tastatur
Verscheuchst

DER STOLZ

Ich danke deinem Stolz
Mit dem sich deine Flugbahn
Von meiner ablenkt

Wenn der Durst unstillbar ist
Glaubst du
Dass aus dem Brunnen Galle fließt

Wenn die kleinen Tiere
Die süßen Früchte nicht erreichen
Behaupten sie
Dass sie bitter wären

Versklavt zum Neid
Baut der Stolz dem ein Gefängnis
Der ihm nachfolgen will

Für mich die ich auf der anderen Seite stehe
Wird der Stolz der anderen
Zum Verbündeten meines Selbstwertgefühls
Stille Zustimmung zu meiner inneren Freiheit

SONNENSTRAHL
IN KATHEDRALEN

Wie ein Sonnenstrahl in den Kathedralen
Die mit Juwelen aus Licht
Dunkle verworrene Äste veredeln

Es gibt ein Lächeln.
Das gebrochene Herzen
Und Fresken auf
Verharschte Falten malt

Es gibt Menschen
Die wie Kannibalen
Deine Aura stehlen
Um sich davon zu ernähren

Nach einem einsamen Bankett
Werden sie auf der Flucht Knochen
Fischgräten, Federn und Schuppen vergraben
Um ihr Fehlverhalten zu verdecken

Sie lauern in der Dunkelheit
Die Falten verwundern mich
Aber ich werde der Sonnenstrahl sein
Der sie wieder glätten wird

ODE AN DIE ARBEIT

Du adelst die Leute
Denen du Würde verleihst

Du bist dafür da
Menschliche Wünsche zu bedienen

Die Auswanderer folgen dir
Vor den Blicken staunender Badender

Streikende verteidigen dich
Von Schlaf und Geld beraubt

Du gehst allerdings auch windige Pfade
Um der Dunklen Macht[3] zu gefallen

Du trägst immer noch den ahnungslosen Mantel
Der Opfer fordert wie auf einem Schlachthof

Du erpresst ganze Klassen mit deiner
  Abwesenheit
Keiner von uns kann ohne dich sein

Komm und verpflichte unsere Kinder
Mit der Frucht intellektueller Arbeit
Von menschlicher Erfüllung

[3] Dunkle Macht ist hier gemeint für die Schwarzarbeit
im Süden Italiens

DAS IST KEIN ABSCHIED

Eines Tages werden dir Flügel wachsen
Du wirst vorsichtig über Berge und Täler fliegen
Mit einem kleinen Licht auf deiner Stirn
Um dunkle Höhlen und Schluchten zu
   erkennen
Bald wirst du eine transparente Berührung
   spüren
Die dein Herz und deinen Geist erwärmt

Das ist kein Abschied
Du wirst zurückkommen

Du wirst das Blatt sein das zu Humus wird
Um die Wurzeln zu ernähren
Du wirst der Tropfen sein
Der im Dampf vergeht
Und woanders wiederkehrt
Du wirst der Gesang der Nachtigall sein
Die das Alter eines anderen beglückt
Du wirst im Laufschritt in die Unendlichkeit
   eintreten
Dem Kompass des Mutes folgen
Der dich für das Treffen beistimmt

Ali d'inchiostro

POESIE

La bellezza del cuore di Claudia Piccinno è della medesima natura dei suoi versi.

Puri e limpidi. Puliti e tersi.

Sono attraversati da ciò che si può definire un dolore latente ma incredibilmente dignitoso, che la poetessa riesce a non far pesare, enunciandolo come imprescindibilmente legato all'esistenza stessa.

Si accetta per dovere di essere vivi e per la straordinaria volontà di credere alla Vita a ogni costo, per quanto incomprensibile Essa possa presentarsi. Claudia Piccinno apre una finestra attraverso la quale il lettore scorge, guarda, osserva. Ed Ella non smette mai di tenere saldo il filo dei propri versi, poiché non si concede screziature. Riesce a mostrare se stessa senza mostrarsi, in un gioco che ha qualcosa di magico. La poetessa scompare, ricompare, svanisce e si mostra di nuovo, tanto che il lettore ne percepisce la presenza ma può appropriarsi delle sue liriche per ragioni del proprio personale sentire. Non è mai ingombrante o scomoda, Claudia sussurra un canto elevato e gioca amabilmente con la Parola. Le liriche presuppongono una pioggia, pioggia di lacrime, di espurgazione che

Claudia non ci concede ma chiude, serra, nel personale mistero del Poeta. Non cede alla disperazione ma si conviene alla malinconia dell'altrove. Richiami Carducciani in quella mano pargoletta che commuove, dal significato straziante. E la nostalgia riaffiora, a galla torna- no i frammenti e le schegge di qualche offesa mai sepolta con la condanna che diventa esplicita in quel "disamore eterno", nella "Subdola promessa" in quel "e tu non m'ami!"
La poetessa si fa Medusa e poi farfalla intrappolata.
E fra le sue coltri di oblio, le sue nebbie e binari, rune d'autunno e rose rosse, vetri di metrò e ali d'inchiostro ci regala una Poesia dal sapore sacro di una preghiera.

Antonella Griseri

1

La poetessa che sorride alla vita, in eterna ricerca dei segreti della bellezza e della purezza della vita ideale. Raffinata e colta la sua espressione poetica, cerca di interrogarsi sulle questioni fondamentali, sul senso dell'esistenza umana e sulla sofferenza.

Sa entrare nelle profondità del suo essere, ma non dimentica di porre attenzione all'ambiente in cui vive. Sembra ricercare un equilibrio tra la conoscenza dei valori universali e la verità interiore del singolo essere umano.

Ritrovarsi nei suoi versi è come appartenere a quel principio universale di amore, l'amore che unisce anche caratteri incompatibili e dà la forza per reagire alla tristezza e al dolore nonché quella di accettare la caducità della vita.

Queste poesie pongono interrogativi sul senso della vita, e io immagino la scrittrice dal dolce sorriso col suo volto immerso nei suoi versi che dà voce con eccezionale brillantezza ad una poesia d'amore, di nostalgia e di speranza!

Slavica Pejovic

Claudia Piccinno ci restituisce l'immagine di un mondo prima distrutto e poi ricomposto, la poetessa è come il passante che vede un edificio devastato, archivia le immagini nella sua mente e tenta poi con le sue liriche di ricomporre l'armonia di un tempo. Claudia preserva l' idea del mondo come qualcosa che ha senso, avverte che il senso è negato dalla natura distruttiva dell' uomo contemporaneo.

Quello che viene fuori dai suoi "binari in versi" è un mondo significativo che nasce dalla riflessine, dal logos, dallo sforzo cosciente creativo per superare la frammentazione delle creature, l'alienazione, la depravazione morale, l'ipocrisia, l'isolamento dell'individuo di fronte allo schermo, la paura di questa "civiltà" che ignora i senti- menti, il dolore, la tragedia privata e i diritti civi- li.

Da solo, senza amore e compassione, l'uomo è inerme e indifeso, Claudia auspica una nuova era fatta di condivisione, di reale contatto con gli altri e con la vita. In mancanza di autenticità la poetessa attinge al mito per sopravvivere al dramma del caos urbano.

Verista e spirituale al tempo stesso la poesia di

Claudia Piccinno, ella canta contro la schiavitù dell'uomo moderno e contro la caducità dei beni terreni e credo sarà inequivocabile l'affermazione della sua lirica, perché rivendica il diritto di una voce autentica ad armonizzarsi con gli ascolti disattesi nella cacofonia del mondo moderno e disumanizzato .

Milica Jeftimijevic Lilic

IL SOFFITTO

Cortometraggi d'altrove
sul mio soffitto,
come al cinema muto.
Farfalla intrappolata nell'ambra…
la mia mente.
Pesano come condanna
al disamore eterno
quelle carezze mai elargite.
Resto immobile
negli ammanchi del corpo,
malgrado un intimo vagare
muti in polline
i miei pensieri.

MAMMA MIA

Il matto si denuda per la strada,
è sempre lui che ride ai funerali
e incarta nei coriandoli improperi.

Al matto è negata la follia,
è tenuto sottochiave la Vigilia di Natale
'ché non reciti
L'eterno riposo
al Bambinello.
Il matto canta ad ogni crocevia,
smista il traffico
di uccelli migratori
e se lo chiami
si volta solo ai soprannomi:
"Croce eterna"
"Sette bellezze"
"Il pistolero"
"O chitarrista".
Il matto parla
con la televisione,
intinge gli occhiali nel purè
e se smarrisce la via…
ogni donna ch'incontra
la chiama: "mamma mia".

COLTRI D'OBLIO

Braccia s'allungano,
mani s'intersecano,
dita che graffiano
per squarciare
un tulle di malinconia.
Rami spigolosi e scarni
cercano l'azzurro del giorno
sepolto sotto coltri d'oblio.
Ombre cinesi danzano
riflesse allo specchio
di un cielo sospeso
tra com'è
e come vorrebbe essere!

Alla periferia del suo sguardo,
incontro al disamore
sposò la bottiglia
per lenire il dolore.
Un camper per dimora
le offrì un vecchio marpione
nel nome di Bacco
e della condivisione.
Persi i figli ed i diritti
neanche un lavoro
le sarà concesso, ma quale fu
LA COLPA
che a un bicchiere di fiele
la asservì?

BINARI IN-VERSI

S'io percorressi gli anni vissuti
su binari in-versi
ritroverei odi e sonetti
compianti e haiku
elegie e lodi.
S'io scrivessi
su rotaie di cartone
con le parole riempirei i bagagli,
con i libri disegnerei i vagoni
e ai finestrini
solo sorrisi buoni.
L'Italia intera
ho attraversato in treno,
ho vissuto attese d'arrivi e di partenze
e a ogni viaggio
sognavo transiti diversi
da percorrere ancora
su binari in-versi.

LA RABBIA

Se non trova varchi
o corpi da attraversare
scava tunnel nell'anima
e come un parassita
la divora.
Se un urlo
non le presta la corsa,
si fa cemento e stratifica sorda.
Se pace
non le dà tregua…
lei diventa tiranna,
dispensa offese e veleno
pietrificando
chi osa guardarla.

RESTA LÀ

Resta con le tue paure,
restituiscimi l'ardire.
Resta dietro lo scudo
della mezza purezza e
rendimi l'adrenalina della scoperta.
Resta là con le bugie
che indossi a giorni alterni
e rendimi la libertà di dubitarne.
Resta dietro il paravento della morale
e rendimi il coraggio del peccato.
T'inchioda all'ignavia il galateo,
mi libra nel cielo la mia essenza!

LA NEBBIA SUI BINARI

S'insinua negli addii
addensa il batticuore
stordisce le partenze.
Confonde i profili
e lacrime mescola a sorrisi,
solletica viaggi immaginari
e sogni rimandati,
sa mascherare i fari e i cuori solitari.
Congela dita e battiti
in un safari di sagome e respiri.
Mi penetra nell'anima…
la nebbia sui binari.

I VETRI DEL METRÒ

Petunie e non zinnie
avrei voluto per me,
presenze forti e non spettri
a sciogliere col fuoco
ogni catena.
Sagome ondeggianti nel vento
esalano colori inconsistenti.
Nell'aria s'addensano
i miei sguardi,
incalzando riflessi nei tuoi occhi,
indossando sembianze
di respiri affannati.
Si appannano…
i vetri del metrò.

L'EROINA DEL DISAMORE

Eco si lasciò morire
per il rifiuto di Narciso,
ma la voce le sopravvisse oltre il sorriso.

Risuona ancor pura nei monti e in pianura,
per poi nascondersi ancora nelle caverne
in cui dimora.

Si fa alveo il mio cuore
per tale eroina del disamore, 'ché non ebbe colpa
se quel disprezzo
le ossa le tramutò in pietre pezzo a pezzo....

IL VUOTO

Non parole a colmare i suoi silenzi.
Non oceani a colmare i suoi abissi.
Rifugge ogn'ipocrita gesto il dolore.
Ammutolisce la lacrima
Sotto la palpebra.
Nella gola, nella testa, nel cuore,
il vuoto
s'affaccia sovrano
…e tace!

PARTIRE E RITORNARE

Dal cielo al mare
e dalla terra al cielo
con moto perpetuo e circolare,
sfido burrasche e venti
senza mai arretrare.
Sono piccola e flessibile,
mi adatto alle correnti,
volteggiare non so
come un fiocco di neve,
né tintinnare potrò
come un chicco di grandine.
Sono lo sfogo delle nuvole,
son la manna pei campi arati,
il desiderio dei passerotti
nella calura d'agosto.
Sono un pizzico di zanzara
per l'irato torrente,
sono una suora tra tante
nel placido fiume.
Lesta m'incammino verso il mare
e lì io danzo
tra le onde e gli scogli
per rarefarmi un giorno
e riabbracciare il cielo.
Partire e ritornare…
altro non saprei fare.

MARE NOSTRUM

Ode a te
culla liquida dei sognatori,
"musa" di pittori e narratori,
"terra promessa"
pei gabbiani e i pescatori!
Ode a te
Specchio silente
di ribelli e di pionieri, "Caronte"
pei gommoni di stranieri!
Turbato è il tuo frenetico pulsare
dalle scorie della centrale nucleare.
Ode alle risa spumeggianti dei bagnanti!
Ode al solletico
che Grecale e Maestrale
saggiano sull'innocenza dell'onda.
Mute e sorde sono le coscienze
degli impavidi timonieri notturni.
Ode a te, Mare Nostrum,
ode al tuo improvvisarti
pentagramma di coro a più voci,
cassa di risonanza di nenie veloci,
strada maestra della speranza,
monito vibrante
a evitar la mattanza.

CARONTE

Caronte fu il gommone
che con subdola promessa
dalla guerra al naufragio ti traghettò.
Caronte fu quel mare
che disperse i tuoi resti.
Ma tra altre duecento
…e poche vesti
la tua foto approdò
al museo dei migranti sommersi.

SCALZA

Se quella notte
io mi fossi accorta
che dentro ero già morta
avrei sentito meno quelle botte.

Se viva
Avessi urlato il mio disprezzo,
il mio amor proprio
avrei salvato già da un pezzo.

Ingurgitavo dipendenza,
convinta fosse solo appartenenza…

ho camminato scalza
dentro la mia essenza
per pettinare calve teste
dietro vetri opachi di finestre.

ALI D'INCHIOSTRO

Pagine patinate
ammiccano dalle vetrine,
pagine stropicciate
sorridono ai cuori solitari,
pagine illustrate promettono
avventure e conoscenza.
Ali d'inchiostro tracciano
rotte del sapere,
riscrivono itinerari di volo,
con tenero tocco
cullano un sogno.
Ho divorato chilometri di righe
senza fare un passo.
Eccomi qua.
Sono atterrata!

Il tempo di uno scalo.
Decollerò
per nuove piste,
farò il check-in al mio stupore
riconoscerò
altri flight addicted *
e non sarò mai sazia!

* letteralmente appassionati di volo, qui volo è
  metafora della conoscenza.

IN UNA SALA D'ATTESA
(ALL'OSPEDALE)

Siamo tutti in stand-by
in una sala d'attesa.
Tremori, palpitazioni,
sbadigli, supposizioni.
quando giunge il responso
qualcuno s'accascia sfinito,
altri accendono sorrisi
come fossero lampioni.
E' tardi.
L'oracolo si è rivelato,
qualunque esso sia,
va solo accettato.
S'incrociano gli sguardi dei pazienti,
qualcuno esce con la fila dei parenti.
Arrivederci - mormorano piano
spero quanto prima di rincontrarla sano! -

IN UNA SALA D'ATTESA
(ALLA STAZIONE)

Dormono i clochard nei loro stracci,
scintilla il vetro della bottiglia.
I neon accesi della sala nuova
puntano al fumo della signora
che trascina sfinita
un pacco di cartone.
Chiassosa la famigliola sulla banchina,
si baciano due studenti con passione.
Ho perso il segno del libro mai finito
nella ricerca di un volto conosciuto.
Non mi raggiunse per l'ultimo saluto.
Nessun commiato
da colui ch'avevo amato.

EPPUR RISPLENDE

Mezza luna ribaltata....
Istantanea allo specchio di un'anima svitata.

Nessuno le darebbe una lira per niente,
desolazione
si fa strada nella notte buia.
Lucciola sull'asfalto:
sdrucita è la
patina della rivista.
Svuotata, vilipesa contesa
da mani fedifraghe, eppur risplende!

I NO

Ci sono i no dell'egoista
e i no del codardo.
i no del disperato
e i no dell'ammalato.
O monosillabo della prudenza..
t'avessi più spesso pronunciato!!
La sete di avventura e di amicizia
mi ha sempre incitato a dire sì,
ho vinto il Nobel
della perseveranza e con esso i lividi
per troppa tolleranza!
Certo ho avuto stanze piene
e voci nel cuore,
ma quanti no ho taciuto
per quieto vivere
senza rancore...
mai troppo tardi per incominciare,
eppure è una parola che non riesco ad amare.

INATTESE CORRENTI

Subdole correnti
equilibri lacustri
ALTERANO
Impigliati
tra alghe e ninfee
i girini della memoria
STAGNANO
Le larve ricordo
CRESCONO
e nello stagno mente
DIVENTANO
rane dalla bocca larga
che l'hic et nunc
INGOIANO
e il domani
ASPETTANO
sognando
nuove inattese correnti
che SMUOVANO
gli stagni e le menti.

MINE IN UN TUNNEL

L'ignoranza in una meschina-mente
fa come limo sull'argine
al di là delle mine
che una caritatevole mano
ha lanciato
e disinnescato piano.
Parole come mine vaganti
cariche di sementi buone
lanciate in nome
della condivisione!
L'uomo pigro le fraintende,
il narcisista le pretende...
Parole mine
sfuggite alla bonifica
si urtano in esplosioni non cercate,
si inseguono
per tunnel vuoti di senso..
L'eco vibra forte nel silenzio!

OH, SILENZIO!

Ode a te,
quando d'una madre accorta incarni la premura!

Ode a te
quando rifuggi d'esser galeotto di censura!

Ode al tuo specchiarti nell'urlo del nemico metten-
   dolo a tacer con "savoir faire"!

Ode alla tua presenza nelle alcove d'amore
e ancor di più al tuo dissiparti
se presagio di abusi.

Ti associano a pazienza e timidezza,
molti non colgono la tua scaltrezza:
tu solo indossi note disparate
ora gravi, ora acute,
vento in poppa e vele ammainate,
cambi direzione
e ti fai Vate!

PUNTINO IN UN DISPLAY

Non hai sentito
i miei passi verso te,
non mi hai riconosciuta.
Eppure mi aspettavi!
Mi guardasti e arretrasti,
colto da timore.
Ero troppo avanti
rispetto alla tua tabella di marcia,
malgrado lenta
mi avessi giudicata.
Non m'inseguisti, no!
Rimanesti a guardare
finché il puntino nel display della fotocamera
scivolò nell'altrove
perché tu
lo perdessi di vista!

LE CHELE DELL'ADDIO

Non si cura dello stoppino la candela,
sebben sia lui che sa asservir le tenebre.

Non si sforza lo struzzo di risalire i fiumi,
né lo alletta la caccia al salmone.

Non invidia il cigno l'inchino del gabbiano.

E tu? Conosci forse la fatica del gambero?
Cos'è la perla se non il dolore dell'ostrica?

Ho barattato un cero in cambio di un addio,
ho lucidato le mie chele e son tornata a casa.

QUELLA STRETTA DI MANO

E buio fu!
"Tu che tendevi
la pargoletta mano"
mi portasti via
da tanto baccano.

Percepii con intima certezza l'affetto di quella
    carezza.
Inaspettata e spontanea quella stretta di mano
    m'infuse
consapevolezza di esistere nella tua preoccupazione
    per me.

Gli anni passarono lenti, nostalgia si affacciava a
    momenti.

A lungo io stetti
senza quella stretta di mano.
Un'eco mi chiamava da lontano.

ERA L'ESTATE

91

Leggiadra giungeva
dispensando perle di sudore su giovani gote.
Scalza correva
per spiagge e campi,
riempiva d'acqua le otri e di voci l'aia.
Brulicanti lucciole donava alla notte
per ornare le siepi di festosi fermagli.
Era l'estate!

E TU NON M'AMI

Se tu mi amassi
certo troveresti le parole
per fugare i miei dubbi.
Se tu mi amassi sostituiresti i gesti
ad anonimi messaggi di testo.
Se tu mi amassi
lasceresti ridere il cuore anziché imbavagliarlo
in una museruola di omissioni.
Sono le mancate verità a palesarmi
un disamore tiranno
che mi vuole sospesa di anno in anno.
Eppur io so cos'è l'amore,
è bufera nel cuore,
è ora gioia, ora dolore
e tu non m'ami!

UN ATTIMO FATTOSI ATOMO

Quando trema Madre Terra
non distingue le torri medievali
dalla carta velina,
Ella ingoia vite umane e secoli di storia.
Un attimo fattosi atomo
le arma l'empia mano
disseminando a caso morte e rovine,
crea dal nulla il sortilegio di migliaia di sfollati,
ruba il sonno alle genti
e il sorriso agli scolari.
L'atomo inesploso
imprigionato in una dorsale
ci attenderà in altre attese
e attimo dopo attimo resterà in agguato
ad atterrirci.

LE RUNE D'AUTUNNO

Svelate le rune della saggezza,
definiti i contorni del tempo,
non m'incute timore l'autunno.

Lo aspettavo come
ineludibile incontro
che stempera
i bollori dell'estate
e ci prepara al gelo.

A UN CONVEGNO DI FATE MADRINE

Impertinenti e non timide
son le margherite
di cui mi omaggia
il mio allievo birichino.

Imponente era il girasole
ch'io colsi, faro diurno,
per accendere lo sguardo
di una bimba triste.

Portai calle immacolate
sulla tomba di mia nonna
e gerbere variopinte
ricevetti il dì della promessa.

Rose rosse
m'inviò un ammiratore.
Rossi anthurium
rallegrarono la mia laurea.

Le talee del geranio
m'insegnarono la forza
ed appresi l'umiltà dalle belle di notte.

Accorsero ortensie
genziane, azalee e gigli
in fraterna comunione il dì che sbocciò
un fiore in una culla.

Accorsero …com'andassero
a un convegno di fate madrine
elargendo buoni auspici perché crescesse
rigoglioso e forte..

Io concimai d'incontri la sua siepe,
ne scortai il gambo con silenti preghiere
perché fosse occultato
alle cesoie della mala sorte.

UN FALSO TEOREMA

Son centri concentrici i veri amici;
chiama "pane il pane"
e non spacciar per amicizia
la metastasi di qualcos'altro.
Non eravate rette parallele,
esse sanno specchiarsi
l'un l'altra
e tendere all'infinito per l'incontro sopito.
Eravate forse due cateti al quadrato elevati,
che danno l'ipotenusa e la sua ombra.
E lei pensava
a perpendicolari… a oneste croci
da condividere per anni.

E lei cercava di rivederti
nei casti abbracci degli angoli retti,
nel pi greco
d'una circonferenza.
Cosa le resta
di un falso teorema?
Diagonali spezzate, angoli acuti di sofferenza,
angoli ottusi di demenza!

GIOIA

Gioia è l'Eureka dell'inventore,
è la sintonia
dei primi sguardi.
Gioia è il sorriso di un bambino,
è il passerotto che spicca il volo,
è il *nice to meet you*
tra due anime affini.
Gioia sono io
quando comprendo
che nessuna nube
offusca il mio cielo!

AL PERDONO

Ode a te,
prerogativa dei Cristiani
seppur conosciuto
a molti più pagani.

Rassereni gli animi e massaggi gli amici,
perdono è il tuo nome, rarità il tuo portento.

Quand'invadi il cuore porti sorrisi nelle case
e fiori sulle bare…

Quand'invece decidi di declinare inviti vari
riempi d'arsenico i calici e di tossine il fegato!

…

Ode alla tua presenza nella mia vita
Oh perdono!

ALLA BIRO

Ode a te
biro smangiucchiata, ode a te
voce dei timidi
e mezzana d'amore.
Ode a te
antesignana di cartucce e toner.
Ode ai tuoi umori colorati, lucidi, metallizzati..
Ode a te
catarsi di anime in pena!
Ode a te
che sanguini fiele se a impugnarti
è una donna tradita.
Sempre ti loderò inchiostro fluente
ché caparbiamente rifuggi della tastiera il ticchettio.

L'ORGOGLIO

Ringrazio l'orgoglio
che deviò la tua traiettoria dalla mia!

Quando la sete è incessante
si crede
che sputi fiele la fontana!

Se la volpe
non arriva all'uva dice che è amara!

Asservito all'invidia l'orgoglio si fa galera
per colui che gli è fedele!

Per me,
che son dall'altra parte,
l'orgoglio altrui
si fa alleato della mia autostima,
silente plauso
alla mia libertà interiore.

FORO DI LUCE IN CATTEDRALE

Ci sono fori nelle cattedrale
che innestano gemme di luce
su rami bui e aggrovigliati.
Ci sono sorrisi
che inondano cuori spenti
e affrescano rughe incallite.
Ci sono persone
che ti rubano l'aura
per cibarsene in un banchetto
solitario e seppellirne ossa,
lische, piume e squame,
fugandone i resti
per non specchiarsi nel misfatto.
Il buio è in agguato, la ruga mi sorprende,
il cannibale si cela nella vittima.
Io sarò foro di luce,
lifting delle mie rughe,
avvoltoio del mio cannibale.

AL LAVORO

Ode a te,
che nobiliti l'uomo
e gli restituisci dignità!

Ode a te, quando ci sei e soddisfi
ogni necessità!

Ti hanno inseguito gli emigranti… anche sotto
gli sguardi attoniti dei bagnanti…

Ti han difeso gli scioperanti
perdendo il sonno e denari contanti.

Hai preso a volte strade contorte
per compiacere un oscuro potere.

Indossi ancora l'ignavo mantello
mietendo vittime come al macello.

Ricatti intere categorie con la tua assenza,
nessuno di noi sa starne senza!

Torna dunque e arruola i nostri figli,
oh frutto dell'ingegno,
e del terrestre impegno!

NON È UN ADDIO

Un giorno ti spuntarono le ali
e sorvolasti cauto monti e valli.
Ora hai un lumicino sulla fronte
per rischiarare grotte e bui anfratti.
Presto avrai un tocco trasparente
per scaldare ai tuoi cari cuore e mente.
Non è un addio.
Ritornerai.
Sarai la foglia che diventa humus
per alimentare le radici.
Sarai la goccia che si fa vapore
e si condensa altrove.
Sarai il canto dell'usignolo
che allieterà l'altrui vecchiaia.
Sarai passo di corsa nell'infinito,
bussola di coraggio per l'incontro pattuito.